CW00504110

LIBRO DI RICETTE PER YOGA

+50 ricette vegane semplici e nutrienti

Giuseppina Boi

INTRODUZIONE

In tutti noi c'è l'istinto di seguire uno stile di vita sano e pulito. Nel profondo sappiamo cosa è buono e cosa non è buono per noi, ma a volte abbiamo scelto di ignorare il corpo e la mente. La pratica regolare dello yoga aiuta a stimolare questi istinti naturali. Lo yoga cambia le abitudini ed è un processo di normalizzazione.

Lo scopo principale del cibo dovrebbe essere quello di dare energia al corpo e alla mente, aumentare il potere di resistenza del corpo e sviluppare la mente. Il cibo fresco dona leggerezza, felicità, gioia e aumenta l'intelligenza. Il cibo dovrebbe essere adatto alla mente, al corpo, all'intelligenza e all'anima.

Non ci sono regole dietetiche speciali per i praticanti di asana, anche se ci sono molte raccomandazioni, la principale è quella di mangiare cibi naturali e mangiare con moderazione. Lo yoga consiglia una dieta vegetariana, soprattutto perché è la preparazione per le forme più elevate di yoga. È stato scoperto che il vegetarianismo promuove la calma interiore e l'armonia tra il corpo e la mente, mentre il consumo di carne è stato collegato a tensione interiore, rabbia, disarmonia e aumento dei desideri. Il vegetarianismo è la base di una dieta sattvica.

Una dieta yogica segue idealmente una dieta alimentare sattvica o pura. Un equilibrio di frutta fresca, verdura, cereali integrali cotti, latte, legumi, noci e semi, utilizzando una combinazione di cibi crudi e cotti. Questi alimenti aumentano il sattwa nel corpo perché sono leggeri, semplici e forniscono tutti i nutrienti necessari. Aumentano la nostra vitalità fisica e mentale rendendo più facile sperimentare chiarezza, leggerezza e tranquillità. I cibi rajasici sono preparati con molto olio e spezie. Creano pesantezza e irrequietezza nella mente. La carne e il pesce sono classificati in questi. Anche la cipolla e l'aglio fanno parte di questo gruppo poiché aumentano il desiderio. I cibi tamasici sono cibi vecchi e stantii. Abbassano l'energia e provocano pigrizia. Includono cibi che non sono cucinati correttamente o masticati bene e cibi lavorati.

I cibi raffermo, trasformati e congelati hanno perso la loro energia pranica. Se proviamo a mangiare solo cibi sattvici il più possibile, possiamo cambiare lentamente la chimica del corpo, rinnovando il sistema digerente e eliminando ogni tensione. Idealmente dovremmo mangiare cibi che richiedono una quantità minima di energia per essere digeriti, in modo che l'energia rimanente possa essere utilizzata per usi più produttivi.

Quando si mangia è importante riempire lo stomaco a metà con il cibo. Un quarto dovrebbe essere lasciato per acqua o liquidi. L'ultimo quarto dovrebbe essere lasciato vuoto per consentire la digestione. Questo spazio è necessario allo stomaco per agitare il cibo con i succhi digestivi. Si dice anche nella cultura indù che quest'ultimo quarto debba essere lasciato a Lord Shiva.

Mangia per soddisfare la fame senza provare sensazioni di pesantezza o pigrizia. Si dice che dovresti mangiare solo ciò che è necessario. Per scoprire quanto hai bisogno di mangiare fai un esperimento. Una volta mangia finché non hai una sensazione di pienezza, essendo consapevole di quanto stai mangiando. Da lì la metà della quantità di cibo, questa è la tua esigenza. Dovrebbe esserci abbastanza spazio nello stomaco in modo che se qualcuno ti chiedesse di mangiare con loro dopo che hai già finito il tuo pasto, potresti farlo senza effetti negativi.

Gli orari dei pasti dovrebbero essere fissati. In questo modo il corpo inizia a rilasciare secrezioni digestive in un determinato momento. È importante non saltare i pasti in modo che il corpo non continui ad andare in modalità panico e decida di immagazzinare il grasso in eccesso. Cambia la dieta in base alle stagioni. Non mangiare cibi importati. Cerca sempre di mangiare ciò che è locale e fresco.

Se conosci il tuo dosha / prakriti, fai le tue scelte alimentari di conseguenza. Non mangiare quando sei negativo, arrabbiato o depresso. Il modo in cui pensi influisce sulla digestione. Dovresti mangiare solo quando sei felice e tranquillo. Quando mangi concentrati, senti e apprezza ogni boccone, mangiando lentamente ed essendo grato per il cibo che ti è stato dato. Ricorda, mangia per vivere e non vivere per mangiare.

Dobbiamo iniziare con le basi, l'essenziale per la nostra sopravvivenza, se vogliamo ottenere qualcosa nello yoga. La dieta e il cibo sono tra questi. Possiamo davvero iniziare a vivere lo stile di vita yogico completo solo quando abbiamo attraversato i primi strati dei nostri bisogni, desideri, intuizioni e istinti, preparandoci per i livelli fisico, mentale, psichico e spirituale.

I migliori ingredienti yogici per un'alimentazione pulita

Queste tre potenti radici, note come Radici della Trinità, sono essenziali per la pulizia, il sostegno e la produzione di energia nel corpo.

Aglio
- Combatte virus e batteri.
- Aumenta l'energia sessuale che, con la pratica del Kundalini Yoga, può essere incanalata verso l'alto per una maggiore consapevolezza spirituale.
- Mangia crudo, al forno, al vapore o sotto forma di capsule.

Cipolla
- Alimento curativo universale.
- Purifica e crea nuovo sangue.
- Consigliato per raffreddore, febbre, laringite e diarrea.
- Aumenta la chiarezza mentale.
- Mangia crudo (preferito), spremuto o cotto.

Radice di zenzero
- Lenisce e rinforza i nervi nutrendo il liquido spinale.
- Aumenta l'energia e la vitalità.
- Utile per le donne mestruate.
- Bere come un tè o un succo o usarlo come

spezia nei piatti principali.

Curcuma
- Buono per la pelle e le mucose.
- Buono per gli organi riproduttivi femminili.
- Aumenta la flessibilità ossea e articolare, antinfiammatorio.
- Sauté per curry, sformati, zuppe, sughi e salse.

Yogi Tea
- Il pepe nero purifica il sangue.
- La cannella rinforza le ossa.
- Il cardamomo sostiene il colon.
- I chiodi di garofano costruiscono il sistema nervoso.
- Lo zenzero, con tutti i suoi benefici, è un'aggiunta opzionale.
- Il tè nero (una piccola quantità) tiene tutto insieme.
- Il latte protegge il colon.

PRIMA COLAZIONE

Yogi Tea

Yogi Tea promuove la salute, è delizioso e lenitivo e un ottimo sostituto del caffè. Yogi Tea aiuta nella facile assimilazione delle spezie agendo come una lega per tutti gli ingredienti, creando il giusto equilibrio chimico.

Ingredienti:
Per ogni tazza:
- 10 once di acqua (circa 1 1/3 tazze)
- 3 chiodi di garofano interi
- 4 baccelli interi di cardamomo verde, spezzettati
- 4 grani di pepe nero interi
- $\frac{1}{2}$ stecca di cannella
- $\frac{1}{4}$ di cucchiaino di tè nero
- $\frac{1}{2}$ tazza di latte
- 2 fette di radice di zenzero fresca

Indicazioni:
Portare l'acqua a ebollizione e aggiungere le spezie. Copri e fai bollire per 15-20 minuti, quindi aggiungi il tè nero. Lascia riposare qualche minuto, poi aggiungi il latte e torna a bollore. Non lasciarlo traboccare.

Quando raggiunge il bollore, togliere immediatamente dal fuoco, filtrare e addolcire con miele, se lo si desidera.

Nutrizione

Calorie: 0

Carboidrati: 0 g

Grassi: 0 g

Proteine: 0 g

Acqua di Carciofi

- 2 carciofi

Taglia i gambi dai carciofi e taglia il pollice superiore dalle foglie. Riempi una pentola capiente con acqua e porta a ebollizione. Aggiungere i carciofi e far bollire per 30 minuti, o fino a quando non potrete staccare facilmente le foglie inferiori del carciofo. Togli i carciofi e conserva per uno spuntino. Lascia raffreddare l'acqua e bevine una tazza. Questo aiuterà il tuo fegato a disintossicare se stesso e tutto il tuo corpo.

Latte di mandorle dorate e curcuma

Questa bevanda è particolarmente utile per le articolazioni rigide e fornisce una fonte di lubrificazione per l'intero sistema.

Ingredienti:
- 1/8 cucchiaino di curcuma
- $\frac{1}{4}$ di tazza di acqua 8 once di latte
- 2 cucchiai di olio di mandorle crudo
- Miele, da assaggiare

Indicazioni:
Fate bollire la curcuma in acqua fino a formare una bella pasta. Il tempo di cottura consigliato è di 8 minuti, è possibile aggiungere altra acqua se necessario. Nel frattempo portare a ebollizione il latte con l'olio di mandorle. Non appena bolle, togli dal fuoco. Unisci le due miscele.

Aggiungi il miele a piacere.

Nutrizione
Porzione: 1 tazza
Calorie: 45
Grassi: 2,5 g
Carboidrati: 5 g
Zucchero: 2,5 g
Fibra: 1,5 g
Proteine: 1 g

Postumi di una sbornia Helper Scramble

- 3 uova
- 1 cucchiaino di olio d'oliva
- 4 lance di asparagi
- $\frac{1}{2}$ tazza di pomodorini o pomodorini, tagliati a metà o in quarti
- Pepe nero, quanto basta

Rompi le tre uova in una ciotola e mescola. Scaldare l'olio in una piccola padella. Aggiungere gli asparagi e i pomodori e cuocere fino a quando gli asparagi non saranno morbidi. Aggiungere l'uovo e cuocere fino a quando non si solidifica. Se lo desideri, aggiungi pepe nero appena macinato.

Frittelle di semolino e carambola

Questa ricetta delicata è perfetta per una colazione della domenica mattina. Servire questi con Chutney piccante di tamarindo

Per 4 persone
Tempo di preparazione: 20 minuti
Tempo di cottura: 15 minuti

ingredienti

- 1 tazza di semola grossolana o crema di grano normale
- 1 tazza di yogurt bianco
- Sale qb
- Acqua a temperatura ambiente, se necessario
- 1/4 cucchiaino di lievito in polvere
- 1/4 cucchiaino di semi di carambola
- 1/4 cipolla rossa piccola, sbucciata e tritata finemente
- peperone rosso piccolo, privato dei semi e tritato finemente
- 1/2 pomodoro piccolo, privato dei semi e tritato finemente
- cucchiai di olio vegetale

Indicazioni

Unisci la semola, lo yogurt e il sale in una ciotola di medie dimensioni; mescolare bene. Aggiungi da 1/4 a 1/2 tazza di acqua per raggiungere la consistenza della pastella per pancake, assicurandoti di non avere grumi nella pastella. Aggiungi il lievito. Mettere da parte per circa 20 minuti.

In una ciotola separata, crea la copertura. Mescola i semi di carambola, le cipolle, i peperoni e i pomodori. Scalda una piastra a fuoco medio-basso. Aggiungi qualche goccia d'olio. Versare circa 1/4 di tazza di pastella al centro della piastra. Dovrebbe avere lo spessore di una normale frittella. Quando la pastella inizia a cuocere, inizieranno a comparire delle bolle in superficie.

Aggiungi una piccola quantità di condimento al pancake, mentre è ancora umido. Premi delicatamente con la parte posteriore del mestolo. Aggiungi qualche goccia di olio attorno ai lati delle frittelle per evitare che si attacchino.

Capovolgi il pancake e cuoci l'altro lato per circa 2 minuti. Togli la frittella dal fuoco e mettila su un piatto da portata. Continua fino a quando tutta la pastella è esaurita. Servire caldo.

Nutrizione
165 calorie
27 g di carboidrati
0 grassi
7 g di proteine

Ciotola per frullato di fragole Goji e Chia

Tempo totale: 5 minuti
Resa: 1

ingredienti

- 1T bacche di goji
- 1 cucchiaio di fragole
- Bastoncino di cannella da 1 pollice
- 2-4T semi di chia
- 1 cucchiaio di olio di cocco
- 16 oz. latte di cocco
- Yogurt al latte di anacardi
- 1/3 tazza di semi di canapa
- 2-3 grandi foglie di cavolo
- 1 cucchiaio di frutti di bosco congelati
- ½ banana congelata

Indicazioni

Metti le bacche di goji, la cannella e i semi di chia nel frullatore e aggiungi abbastanza acqua di cocco per coprirli bene. Lasciate in ammollo circa 10 minuti. Aggiungere l'acqua di cocco rimanente e il resto degli ingredienti al frullatore e frullare sull'impostazione appropriata per i frullati, aggiungendo liquido extra (acqua di cocco, acqua o latte di noci) per la consistenza desiderata.

Nutrizione
Calorie 150,
Grasso totale 8 g
Carboidrati totali 14g
Fibra 4g
6 g di proteine

Cialde di miglio con sciroppo di cioccolato e semi di lino

I waffle sono migliori dei pancake perché hanno tutti quegli angoli e fessure che aspettano di essere riempiti di bontà! Sono ottimi anche per le occasioni speciali e le pigre mattine della domenica, ma se li congeli puoi metterli nel tostapane per quei giorni meno pigri della settimana. Condire con lo sciroppo e cospargere di semi di lino. Dovrai immergere i chicchi durante la notte, quindi assicurati di pianificare di conseguenza.

Resa: 4

ingredienti

- 1c miglio
- 1 tazza di grano saraceno non tostato o avena intera
- $\frac{1}{4}$ tazza di semi di lino
- $\frac{1}{4}$ tazza di fiocchi di cocco non zuccherati sminuzzati (facoltativo)
- 2 cucchiai di melassa o agave
- 2 cucchiai di olio di cocco non raffinato
- $\frac{1}{2}$ t di sale
- 1-3 cucchiai di cannella in polvere

- 1-3 cucchiai di scorza d'arancia (facoltativa)
- $\frac{1}{4}$ tazza di semi di girasole (facoltativo)
- Sciroppo di cioccolato

Indicazioni

Metti il miglio, il grano saraceno (o l'avena) e il lino in una piccola ciotola, aggiungi l'acqua per coprire di un pollice e lascia riposare per una notte.

Filtrare e scartare l'acqua in ammollo. (Sarà appiccicoso!) Metti i cereali in un frullatore, preferibilmente non ad alta velocità, ma se, come me, è tutto ciò che hai, non preoccuparti: i waffle potrebbero uscire più densi.

Aggiungere l'acqua per coprire a malapena i chicchi (circa 1 tazza e $\frac{1}{2}$). Quindi aggiungere il resto degli ingredienti tranne i semi di girasole. Mescolare fino a ottenere una pastella densa. Un po 'di miglio rimarrà intero e fornirà una bella croccantezza.

Versare un po 'di pastella in una piastra per cialde calda. Cospargere la pastella con semi di girasole (se utilizzati), chiudere e infornare secondo le indicazioni del produttore.

Servi con o senza i tuoi condimenti preferiti.

Puoi refrigerare la pastella fino a cinque giorni.

Nutrizione

Calorie181
Grassi totali6,8 g
Carboidrati totali26,3 g
Fibra alimentare3,9 g
Proteine5,3 g

Colazione di Allegri Champs

Mangia una fetta di questa frittata a colazione ogni mattina.

- 8 uova biologiche
- 1 cucchiaio di olio extravergine d'oliva
- 1 tazza di spinaci baby
- 1 tazza di funghi shiitake, tagliati a dadini
- 1 tazza di broccoli tritati
- Sale e pepe a piacere

Rompi le uova in una grande ciotola e sbatti. Mettere da parte. Scaldare l'olio in una grande padella da forno a fuoco medio. Aggiungere gli spinaci, i funghi, i broccoli, il sale e il pepe e cuocere fino a quando le verdure saranno morbide. Versare le uova nella padella e cuocere, indisturbate, fino a quando i lati non si saranno solidificati, circa 2 minuti. Coprire e cuocere per 10-13 minuti fino a quando non si solidifica. Far scorrere su un piatto e tagliare a spicchi.

Tofu e Kales si arrampicano

Tofu salato ispirato al sud-ovest strapazzato per 1 con molte verdure e una semplice salsa a 5 ingredienti

TEMPO DI PREPARAZIONE 10 minuti
TEMPO DI COTTURA 20 minuti
TEMPO TOTALE 30 minuti
Porzioni 2

ingredienti

- 8 once di tofu extra-compatto
- 1-2 cucchiai di olio d'oliva
- 1/4 cipolla rossa (affettata sottilmente)
- 1/2 peperone rosso (affettato sottilmente)
- 2 tazze di cavolo nero (tritato liberamente)

salsa

- 1/2 cucchiaio di sale marino (ridurre la quantità per una salsa meno salata)
- 1/2 cucchiaio di aglio in polvere
- 1/2 cucchiaio di cumino macinato
- 1/4 cucchiaio di peperoncino in polvere
- Acqua (per diluire)
- 1/4 cucchiaio di curcuma (facoltativo)

Per servire (opzionale)

- salsa
- Coriandolo
- Salsa piccante

- Patate da colazione, pane tostato e / o frutta

Indicazioni

Asciugare il tofu e avvolgerlo in un asciugamano pulito e assorbente con sopra qualcosa di pesante, come una padella di ghisa, per 15 minuti.
Mentre il tofu sta scolando, prepara la salsa aggiungendo spezie secche in una piccola ciotola e aggiungendo abbastanza acqua per fare una salsa versabile. Mettere da parte.
Prepara le verdure e scalda una padella grande a fuoco medio. Una volta caldo, aggiungere l'olio d'oliva e la cipolla e il peperoncino. Condite con un pizzico di sale e di pepe e mescolate. Cuocere finché non si ammorbidisce - circa 5 minuti.
Aggiungere il cavolo nero, condire con un po 'più di sale e pepe e coprire a vapore per 2 minuti.
Nel frattempo, scartare il tofu e utilizzare una forchetta per sbriciolarlo a pezzetti.
Usa una spatola per spostare le verdure su un lato della padella e aggiungi il tofu. Rosolare per 2 minuti, quindi aggiungere la salsa, versandola principalmente sul tofu e un po 'sulle verdure.
Mescolate subito distribuendo uniformemente la salsa. Cuocere per altri 5-7 minuti finché il tofu non sarà leggermente dorato.
Servire immediatamente con la colazione a base di patate, pane tostato o frutta. Mi piace aggiungere

più sapore con salsa, salsa piccante e / o coriandolo fresco. In alternativa, congelare fino a 1 mese e riscaldare sul fornello o nel microonde.
video

Nutrizione (1 di 2 porzioni)
Porzione: 1 porzione
Calorie: 212
Carboidrati: 7,1 g
Proteine: 16,4 g
Grassi: 15,1 g
Fibra: 2,1 g

Tortilla

Un fiocco spagnolo, fatto in modo facile Retox.

- 2 cucchiaini di olio extravergine di oliva
- 1 cipolla gialla, tritata
- 2 zucchine, tritate
- 8 uova (o 6 albumi e 3 uova intere)
- pizzico di sale

Scaldare l'olio in una padella larga a fuoco medio. Aggiungere la cipolla e lasciare cuocere fino a quando non sarà morbida. Aggiungere le zucchine e mescolare, abbassare la fiamma e coprire. Mentre le verdure cuociono, sbatti le uova in una ciotola capiente. Aggiungi il sale. Una volta che le zucchine sono completamente cotte, versare le uova e coprire di nuovo. Cuocere fino a quando la parte superiore è impostata, o se sei un tipo avventuroso, metti un piatto piano sopra la padella e gira la tortilla sul piatto. Rimettilo nella padella e cuoci altri 3 minuti, o fino a quando il fondo è cotto. Da consumare a colazione o a cena con un contorno di insalata, oppure portala al lavoro come spuntino o in macchina come fetta di fuga.

Avena proteica di frutta e quinoa

Resa: 1
Tempo di preparazione: 10 minuti
Tempo totale: 10 minuti

Una sana interpretazione dell'avena notturna ricca di frutta, proteine e quinoa privi di glutine, latticini e vegani!

ingredienti

- Avena rotolata senza glutine in fiocchi da 1/4 di tazza
- 1/4 tazza di quinoa cotta
- 2 cucchiai di proteine in polvere vegane alla vaniglia naturale
- 1 cucchiaio di semi di lino macinati
- 1 cucchiaio di cannella
- 1/4 banana, schiacciata
- Qualche goccia di stevia liquida (o 1 cucchiaino di miele puro o sciroppo d'acero)
- 1/4 tazza di lamponi
- 1/4 tazza di mirtilli
- 1/4 tazza di pesche a dadini
- 3/4 di tazza di latte di mandorle non zuccherato
- Condimenti opzionali: cocco tostato, burro di mandorle, mandorle, semi, frutta secca, frutta fresca, ecc.

Indicazioni

In una ciotola media unire l'avena, la quinoa, le proteine in polvere, il lino macinato, la cannella e mescolare per unire

Aggiungi la banana schiacciata, la stevia (o il miele / sciroppo d'acero), i frutti di bosco e le pesche.

Versare il latte di mandorle e mescolare gli ingredienti.

Mettete in frigo e lasciate riposare per una notte.

Al mattino, togliete dal frigorifero, riscaldate sul fornello o nel microonde, oppure gustate il freddo!

Se al mattino la miscela è troppo densa, aggiungi un po 'di latte di mandorle extra!

Diventa creativo con i condimenti ... aggiungi burro di noci, noci, semi, più frutta, cocco, ecc.!

Nutrizione

CALORIE: 290
GRASSI TOTALI: 6g
CARBOIDRATI: 41g
FIBRA: 11g
PROTEINE: 19g

Succo di carota yogica
Puoi usare uno spremiagrumi o un frullatore ad alta
velocità per questa ricetta.

- 3 carote grandi, sbucciate e tritate
- Zenzero da $\frac{1}{4}$ di pollice, sbucciato
- 1 o 2 foglie di menta
- Spremere o frullare carote, zenzero e foglie
  di menta. Bere a temperatura ambiente.
- Delizia di acqua al limone
- $\frac{1}{2}$ limone
- 8 once di acqua a temperatura ambiente
- $\frac{1}{2}$ cucchiaio di bicarbonato di sodio

Spremi il limone in un bicchiere. Aggiungere l'acqua
e il bicarbonato di sodio e mescolare.

Muffin ai mirtilli e yogurt greco

Resa: 6 muffin
Tempo di preparazione: 5 minuti
Tempo di cottura: 18 minuti
Tempo totale: 23 minuti

Questi muffin integrali sono una colazione o uno spuntino facile da portare via che ti manterrà bello e pieno!

ingredienti

- 1 / 3c farina bianca + 1 cucchiaio (riservato)
- 1/3 tazza di farina di frumento
- 2/3 di tazza di proteine in polvere
- 1/2 cucchiaio di lievito in polvere
- 1/4 cucchiaio di sale
- 1/2 tazza di yogurt greco al latte intero
- 1 uovo
- 1/2 tazza di salsa di mele
- 1/3 di tazza di zucchero
- 1 cucchiaio di vaniglia
- 1 tazza di mirtilli, freschi o congelati (vedi note per surgelati)

Indicazioni

Preriscalda il forno a 400 gradi. Foderare uno stampo per muffin con fodere o utilizzare uno spray antiaderente.

In una ciotola capiente unire le farine, le proteine in polvere, il lievito e il sale.

In una ciotola di medie dimensioni sbatti insieme lo yogurt, l'uovo, la salsa di mele, lo zucchero e la vaniglia.

Aggiungere gli ingredienti bagnati alla miscela di farina e mescolare fino a quando non sono ben amalgamati.

Mettere i mirtilli in una piccola ciotola e ricoprire con 1 cucchiaio di farina riservato.
Incorpora delicatamente i mirtilli nella pastella.

Riempi la teglia per muffin preparata, riempiendo quasi ogni muffin fino in cima. Dovresti ottenere circa 6 muffin, a seconda delle dimensioni della teglia.

Infornare i muffin a 400 per 18-20 minuti finché non saranno dorati e uno stuzzicadenti inserito non risulti pulito.

Nutrizione
RESA: 7 FORMATI PER PORZIONE: 1
CALORIE: 165
GRASSI TOTALI: 2g
CARBOIDRATI: 26g
FIBRE: 1g ZUCCHERO: 18g
PROTEINE: 11g

Frullato di frutta e latte di cocco

Per 4 porzioni

In questo frullato, ingredienti tradizionali come banane, mirtilli, yogurt e miele incontrano un ospite improbabile: il latte di cocco non zuccherato. Il latte non solo aiuta a creare la consistenza perfetta per un frullato, ma aiuta anche la digestione, rendendo questo frullato dolce e fruttato un piacere per te.

ingredienti

- 1 sacchetto da 10 once di mirtilli congelati o altra frutta
- 3 banane mature
- 1 tazza di yogurt bianco
- 1 tazza di latte di cocco non zuccherato
- 2 cucchiai di miele

Come farlo
In un frullatore, frulla i mirtilli, le banane, lo yogurt, il latte di cocco e il miele. Servire.

Nutrizione

Calorie 300
Grassi 15 g
Carboidrati 43 g
Fibra 3g
Zuccheri 28 g
Proteine 5g

Slumbery Smoothie

Questo è lo spuntino pomeridiano perfetto.

- 2 tazze di spinaci baby
- 1 tazza di latte di mandorle
- 1 banana, sbucciata e affettata
- 1 cucchiaino di miele

Mettere tutti gli ingredienti in un frullatore e frullare.

Frullato di successo

- 1 tazza di fragole, affettate
- 1 tazza di mirtilli
- ⅓ banana, a fette
- 1 cucchiaino di semi di lino macinati
- 1 manciata di spinaci
- 1 cucchiaino di miele

Mescola tutto insieme e divertiti!

Cetriolo Chili Coolers

Per 4-6 persone
Tempo di preparazione: 15 minuti
Tempo di cottura: 10 minuti

Queste tazze commestibili farcite con uno yogurt cremoso all'aglio sono così facili da preparare. Stupisci i tuoi amici con questa delizia.

ingredienti

- 2 cetrioli medi senza semi, pelati
- 1/2 cucchiaino di semi di cumino
- 1/2 tazza di yogurt, montato
- 1 spicchio d'aglio, sbucciato
- 1 peperoncino verde serrano, senza semi
- cucchiaino di succo di limone fresco
- Sale da tavola, quanto basta
- rametti di coriandolo fresco, con gambo

Per preparare le tazze di cetriolo: tagliare il cetriolo trasversalmente in pezzi da 1 pollice. Usa una spatola per meloni per estrarre l'interno. Lascia un bordo da 1/4 di pollice sui lati e sul fondo. Metti le tazze capovolte su un piatto rivestito con carta assorbente per scolare. Refrigerare.

Riscalda una padella a fuoco medio. Aggiungere i

semi di cumino e arrostirli a secco fino a renderli fragranti, circa 1 o 2 minuti. Mescola costantemente per evitare che i semi si brucino. Lasciateli raffreddare e poi batteteli grossolanamente.

Usando un frullatore a immersione o un cucchiaio per mescolare, mescola i semi di cumino, lo yogurt, l'aglio, il peperoncino verde, il succo di limone fresco e il sale. Trasferisci la miscela di yogurt in una terrina.

Tritate finemente il coriandolo. Aggiungilo alla miscela di yogurt.

Quando sei pronto per servire, metti tutte le coppe di cetriolo su un piatto da portata. Versa la miscela di yogurt in ogni tazza. Questi possono essere preparati in anticipo e refrigerati fino al momento di servire.

Nutrizione

Per porzione: circa 1/2 tazza
Calorie: 50.
Grassi: 0 g.
Carboidrati: 12 g.
Fibra: 1g.

PIATTO PRINCIPALE

Fagioli verdi e riso con verdure

Ingredienti:
- 4 $\frac{1}{2}$ tazze d'acqua
- $\frac{1}{2}$ tazza di fagioli mung interi
- $\frac{1}{2}$ tazza di riso basmati
- 1 cipolla tritata e 3 spicchi d'aglio tritati
- $\frac{3}{4}$ tazza di radice di zenzero tritata finemente
- 3 tazze di verdure tritate
- 2 cucchiai di burro chiarificato o olio
- $\frac{3}{4}$ cucchiaio di curcuma
- $\frac{1}{4}$ di cucchiaino di peperoncini rossi tritati essiccati
- $\frac{1}{4}$ di cucchiaino di pepe nero macinato
- $\frac{1}{2}$ cucchiaino di coriandolo
- $\frac{1}{2}$ cucchiaino di cumino
- $\frac{1}{2}$ cucchiaino di sale

Indicazioni:
Risciacquare i fagioli mung e il riso. Aggiungere i fagioli mung all'acqua bollente e cuocere finché non iniziano a spaccarsi. Aggiungere il riso e cuocere altri 15 minuti, mescolando di tanto in tanto. Ora aggiungi le verdure.

Riscaldare il burro chiarificato / l'olio in una padella e aggiungere le cipolle, l'aglio e lo zenzero e rosolare fino a quando non diventa chiaro. Aggiungere le spezie e cuocere altri 5 minuti,

mescolando continuamente. Aggiungere un po
'd'acqua se necessario. Aggiungilo al riso e ai
fagioli cotti. Puoi sostituire le verdure a tuo
piacimento, così come usare le ammine liquide di
Bragg, il tamari o la salsa di soia al posto del sale.
Ottimo con lo yogurt!

Nutrizione
131 Cal
20 g di carboidrati
4 g di grassi
4 g di proteine

Curry di fagioli neri e cocco

ingredienti

- $\frac{1}{2}$ tazza di fagioli dall'occhio nero, germogliati se possibile
- 2 tazze d'acqua
- 1 cucchiaio di olio
- 1 cucchiaio di semi di senape
- 1 cucchiaio di semi di cumino
- 1 cucchiaio di assafetida
- 1 cucchiaio di zenzero grattugiato
- 5-6 foglie di curry
- 1 cucchiaio di curcuma
- 1 cucchiaio di coriandolo in polvere
- 2 pomodori - tritato
- 1-2 cucchiai. polvere di arachidi tostate
- Foglie di coriandolo fresco
- Cocco fresco, grattugiato
- Zucchero e sale qb

Metodo

Mettere a bagno i fagioli in acqua per 6-8 ore o durante la notte. Cuocere i fagioli in una pentola a pressione o lessarli in una pentola.

Scaldare l'olio e aggiungere i semi di senape. Quando scoppiettano aggiungere i semi di cumino, l'assafetida, lo zenzero, le foglie di curry, la curcuma e la polvere di coriandolo. Aggiungere la polvere di arachidi tostate e i pomodori.

Aggiungere i fagioli e l'acqua. Continua a mescolare di tanto in tanto fino a completa cottura.
Aggiungere altra acqua se necessario. Aggiungere lo zucchero e il sale a piacere, guarnire con foglie di coriandolo e cocco.

Nutrizione

200 calorie
13 g di carboidrati
5 g di grasso
4 g di proteine

Insalata di felicità
- 2 tazze di spinaci baby (o una miscela di verdure a foglia verde)
- $\frac{1}{2}$ avocado, a dadini
- 1 tazza di barbabietole, a dadini
- $\frac{1}{4}$ di tazza di nocciole
- 2 cucchiai di olio extravergine di oliva
- 1 cucchiaio di aceto balsamico

Metti gli spinaci, l'avocado, le barbabietole e le nocciole in una ciotola. Condite con olio e aceto. Lancia e divertiti.

Tonno In Crosta Pepata
- 1 pezzo (5 once) di tonno selvatico
- Succo di 1 limone
- $\frac{1}{4}$ di tazza di pepe nero macinato grossolanamente
- $\frac{1}{4}$ di tazza di semi di sesamo
- 1 cucchiaio di olio extravergine d'oliva
- 1 spicchio d'aglio, tagliato a fettine sottili

Mettete il tonno in una ciotola e coprite con il succo di limone fresco. Mettere pepe e semi di sesamo su un piatto piano. Sfumare il tonno con pepe / semi di sesamo e ricoprirlo completamente.

Scaldare olio e aglio in una piccola padella a fuoco alto. Aggiungere il tonno nella padella e cuocere 1 minuto per lato. Servire con un contorno di spinaci saltati o un'insalata condita con olio extravergine di oliva e succo di limone.

Risotto al Riso Integrale
- 1 cucchiaio di olio extravergine d'oliva
- 2 spicchi d'aglio, tritati
- 1 pomodoro grande, tritato
- 3 manciate di spinaci baby
- 1 tazza di funghi, tritati
- 2 tazze di fiori di broccoli
- Sale e pepe a piacere
- 2 tazze di riso integrale cotto
- Un pizzico di zafferano
- Parmigiano grattugiato (facoltativo)
- Fiocchi di peperoncino rosso (facoltativo)

Scaldare l'olio in una padella capiente a fuoco medio. Soffriggi l'aglio finché non inizia a diventare dorato. Aggiungi pomodoro, spinaci, funghi e broccoli. Condire con sale e pepe e cuocere fino a quando le verdure saranno morbide. Aggiungere il riso e lo zafferano e mescolare, lasciando che il succo delle verdure si impregni nel riso. Servire caldo o freddo, spolverando con parmigiano e / o peperoncino, se gradito.

Retox Nachos
- 1 cucchiaio di olio extravergine d'oliva
- 2 spicchi d'aglio, tritati
- 2 tazze di spinaci baby
- $\frac{1}{2}$ libbra di carne macinata biologica
- $\frac{1}{2}$ cipolla bianca, tritata
- 1 pomodoro, tritato
- $\frac{1}{2}$ avocado, a dadini

Panna acida, jalapeños a fette, coriandolo fresco, per guarnire (facoltativo)
Tortilla chips blu al sesamo
Scaldare l'olio in una padella a fuoco medio. Aggiungere l'aglio e cuocere fino a quando non diventa dorato. Aggiungere gli spinaci e rosolare fino a quando sono appassiti, circa 5 minuti. Togliere dalla padella e lasciar raffreddare su un piatto. Nella stessa padella aggiungere la carne macinata, rompendola con un cucchiaio di legno mentre cuoce. Quando la carne è cotta, toglila e mettila sopra gli spinaci. Completare con cipolla, pomodoro e avocado. Guarnire con una cucchiaiata di panna acida, jalapeños e coriandolo, se lo si desidera. Servire con tortilla chips e tuffarsi!

Pasta senza cupola

- 8 once di pasta di grano saraceno
- 1 (14 once) può cuori di carciofo (in acqua)
- 1 manciata di menta fresca
- ½ tazza di cipolla verde tritata
- 2 cucchiai di semi di girasole (facoltativo)
- 4 cucchiai di olio extravergine di oliva

Porta ad ebollizione una grande pentola d'acqua. Aggiungere la pasta e cuocere da 8 a 12 minuti, secondo le indicazioni sulla confezione. Durante la cottura tritate i cuori di carciofi e tritate la menta. A cottura ultimata scolate la pasta e mettetela in una terrina. Aggiungi carciofi, menta, cipolla verde e semi di girasole (se li usi e non soffri di emicrania). Condire con olio d'oliva e mescolare. Puoi servire questo caldo o freddo.

Zuppa lenitiva

- 1 cucchiaio di olio extravergine d'oliva
- 1 cipolla gialla, tagliata a dadini
- 2 spicchi d'aglio, tritati
- 2 sacchetti (9 once) di spinaci baby
- 1 manciata di menta fresca, tritata grossolanamente
- 2 fette di zenzero, della grandezza di un quarto, sbucciato (facoltativo)
- 1 tazza di brodo di pollo (usa brodo vegetale o acqua per preparare questo vegetariano)
- 2 pizzichi di sale

Scalda l'olio in una pentola a fuoco medio. Aggiungere la cipolla e l'aglio e cuocere fino a quando la cipolla è traslucida. Fai attenzione a non bruciare l'aglio. Aggiungi spinaci, menta e zenzero, se li usi. Man mano che gli spinaci iniziano ad appassire, aggiungi brodo o acqua e sale. Quando gli spinaci sono completamente cotti, togliete dal fuoco. Frullare con un frullatore ad immersione o metterlo in un frullatore in lotti e frullare fino a che liscio.

Pesce rosso

- 1 cucchiaio di olio extravergine d'oliva
- 2 spicchi d'aglio
- 1 cipolla gialla grande, affettata
- 4 (6 once) merluzzo selvatico dell'Alaska (o pesce selvatico a scelta)
- Succo di 2 limoni
- 1 cucchiaino di curcuma

Scaldare l'olio in una padella capiente a fuoco medio. Aggiungere l'aglio e cuocere fino a quando non inizia a diventare dorato. Aggiungere la cipolla e cuocere fino a quando non diventa traslucido. Spremere il succo di limone sul pesce e cospargere di curcuma. Cuocere il pesce 5 minuti per lato o fino a quando non si sfalda facilmente con una forchetta. Servire con un contorno di riso e verdure.

Salmon Crush Crunch

- 1 (6 once) filetto di salmone
- 3 cucchiaini di olio d'oliva, divisi
- 2 tazze di spinaci baby
- 1 tazza di broccoli a dadini
- 1 tazza di quinoa o riso selvatico cotta
- 1 cucchiaino di semi di lino o semi di sesamo (facoltativo)

Strofina il salmone con 1 cucchiaino di olio d'oliva. Riscalda una padella a fuoco medio. Aggiungere il salmone e alzare la fiamma al massimo. Cuocere per 3 minuti, quindi girare e cuocere per altri 4 o 5 minuti, finché non è cotto e si sfalda facilmente con una forchetta. Mettere da parte. Nella stessa padella, scaldare i restanti 2 cucchiaini di olio d'oliva a fuoco medio. Aggiungere gli spinaci e i broccoli e cuocere fino a quando gli spinaci sono appassiti e i broccoli sono teneri. Aggiungi la quinoa o il riso e mescola. Cospargere di semi di lino o di sesamo, se utilizzati. Aggiungere il salmone alla padella e sfaldarlo con una forchetta. Mescolate il tutto e servite in una ciotola o su un letto di lattuga.

Quinoa Tabouli

Lo uso come spuntino o pranzo, e spesso raddoppio le quantità e lo preparo come un unico lotto per la settimana, anche usandolo come guarnizione su un'insalata o un pasto più grande.

- $\frac{1}{2}$ tazza di quinoa cotta
- 2 mazzi di prezzemolo tritato finemente
- $\frac{1}{2}$ cipolla bianca, tagliata a dadini
- 1 pomodoro a dadini
- 1 cucchiaio di olio extravergine d'oliva
- Succo di 1 limone

Mescola la quinoa, il prezzemolo, la cipolla e il pomodoro in una ciotola. Condite con olio d'oliva e succo di limone. Mescola e divertiti.

Miglio Soffiato, Riso E Melograno

ingredienti
- 2 tazze di pohe sottili (riso appiattito)
- 1 tazza di miglio o riso soffiato
- 1 tazza di latticello denso (yogurt molto sottile)
- 1/2 tazza di melograno a pezzi
- 5-6 foglie di curry
- 1/2 cucchiaino di semi di senape
- 1/2 cucchiaino di semi di cumino
- 1/8 cucchiaino di assafetida
- 5 cucchiaini di olio
- Zucchero qb
- Sale qb
- Cocco fresco o essiccato - sminuzzato
- Foglie di coriandolo fresco

Indicazioni
Scaldare l'olio e aggiungere i semi di senape.

Quando scoppiettano aggiungere i semi di cumino, l'assafetida e le foglie di curry.

In una ciotola capiente mettete il pohe. Uniscilo con il mix di spezie all'olio, zucchero e sale.

Quando si sarà raffreddato mescolare lo yogurt, il coriandolo e il cocco con la pohe.

Servire con coriandolo e cocco se lo si desidera.

Nutrizione
Calorie: 334 kcal
Carboidrati: 23 g
Proteine: 5 g
Grassi: 26 g
Fibra: 5g

Ceci e pasta spagnoli

Questa una pentola di ceci e pasta spagnoli ha un grande sapore grazie alla dose generosa di spezie, cuori di carciofo e limone fresco.
Tempo di preparazione: 10 minuti
Tempo di cottura: 40 minuti
Tempo totale: 50 minuti

Porzioni: 4

INGREDIENTI
- 2 cucchiai di olio d'oliva
- 2 spicchi d'aglio
- 1/2 cucchiaio di paprika affumicata
- 1 cucchiaio di cumino macinato
- 1/2 cucchiaio di origano essiccato
- 1/4 cucchiaio di pepe di cayenna
- Pepe nero appena spezzato
- 1 cipolla gialla
- 2 tazze di pasta vegana cruda
- 1 15 oz. può pomodori a dadini
- 1 15 oz. possono cuori di carciofi squartati
- 1 19oz. può i ceci
- 1,5 tazze di brodo vegetale
- 1/2 cucchiaio di sale (oa piacere)
- 1/4 mazzetto di prezzemolo fresco
- 1 limone fresco

INDICAZIONI

Trita l'aglio e aggiungilo a una padella larga e profonda insieme all'olio d'oliva. Cuocere a fuoco medio-basso per 1-2 minuti, o solo fino a quando non saranno morbide e fragranti. Aggiungere la paprika affumicata, il cumino, l'origano, il pepe di Cayenna e un po 'di pepe nero appena spezzato nella padella. Mescolare e rosolare le spezie nell'olio caldo per un altro minuto.

Taglia la cipolla a dadini e aggiungila alla padella. Soffriggi la cipolla fino a renderla morbida e traslucida (circa 5 minuti). Aggiungere la pasta e far rosolare per altri 2 minuti.

Scolare i ceci ei cuori di carciofi, quindi aggiungerli alla padella insieme alla lattina di pomodori a cubetti (con il succo), il brodo vegetale e mezzo cucchiaino di sale. Tritate grossolanamente il prezzemolo e aggiungetelo alla padella, riservandone una piccola quantità da spolverare sul piatto finito. Mescola tutti gli ingredienti nella padella fino a ottenere un composto uniforme.

Metti un coperchio sulla padella e regola la fiamma a una temperatura medio-alta. Lascia che la padella raggiunga il bollore. Quando raggiunge il bollore, abbassa la fiamma e lascia sobbollire per 20 minuti. Assicurati che stia sobbollendo per tutto il tempo e regola leggermente il calore se necessario per mantenerlo bollente.

Dopo aver fatto bollire per 20 minuti, spegnere il fuoco e lasciar riposare per 5 minuti senza rimuovere il coperchio. Infine togliere il coperchio, spennellare con una forchetta e guarnire con il rimanente prezzemolo tritato. Tagliare il limone a spicchi e spremere il succo fresco su ogni ciotola.

NUTRIZIONE
Porzione: 1 Porzione
Calorie: 486,25 kcal
Carboidrati: 83,03 g
Proteine: 16,08 g
Grassi: 10,98 g
Fibra: 15,28 g

Curry di pesce al tamarindo

Per 4 persone
Tempo di preparazione: 15 minuti
Tempo di cottura: 35 minuti

Se non hai il tamarindo, aggiungi un po 'di succo di limone per un sapore simile. Servire con Riso Basmati Semplice

ingredienti

- 11/2 libbre, coregone, tagliato a pezzi
- 3/4 cucchiaino e 1/2 cucchiaino di curcuma in polvere
- 2 cucchiaini di polpa di tamarindo, ammollata in 1/4 di tazza di acqua calda per 10 minuti
- 3 cucchiai di olio vegetale
- 1/2 cucchiaino di semi di senape nera
- 1/4 cucchiaino di semi di fieno greco
- 8 foglie di curry fresche
- cipolla grande, tritata
- Peperoncini verdi serrano, privati dei semi e tritati
- pomodorini, tritati
- 2 peperoncini rossi secchi, pestati grossolanamente
- 1 cucchiaino di semi di coriandolo, pestati grossolanamente
- 1/2 tazza di cocco essiccato non zuccherato

- Sale da tavola, quanto basta
- 1 tazza d'acqua

Indicazioni
Metti il pesce in una ciotola. Strofinare bene con 3/4 di cucchiaino di curcuma e mettere da parte per circa 10 minuti. Risciacquare e asciugare tamponando.

Filtrare il tamarindo e mettere da parte il liquido. Eliminare il residuo.

In una padella capiente, scalda l'olio vegetale. Aggiungere i semi di senape e i semi di fieno greco. Quando iniziano a scoppiettare, aggiungi le foglie di curry, le cipolle e i peperoncini verdi. Rosolare per 7-8 minuti o finché le cipolle non saranno ben dorate.

Aggiungere i pomodori e cuocere per altri 8 minuti o fino a quando l'olio inizia a separarsi dai lati del composto. Aggiungere il restante 1/2 cucchiaino di curcuma, i peperoncini rossi, i semi di coriandolo, il cocco e il sale; mescolare bene e cuocere per altri 30 secondi.

Aggiungere l'acqua e il tamarindo filtrato; portare ad ebollizione. Abbassare la fiamma e aggiungere il pesce. Cuocere a fuoco basso per 10-15 minuti o fino a quando il pesce è completamente cotto.

Servire caldo.

Nutrizione

Calorie: 287.
Grassi: 0,7 g.
Carboidrati: 75 g.
Fibra: 6,1 g.
Proteine: 3,4 g.

Capesante al peperoncino in latte di cocco

Per 4 persone
Tempo di preparazione: 10 minuti
Tempo di cottura: 25 minuti

Il sambal al peperoncino rosso conferisce un sapore
piccante alle capesante. Se non hai il sambal,
macina alcuni peperoncini rossi secchi insieme a un
po 'd'acqua.

ingredienti

- 1 libbra di capesante di mare (o pesce bianco
  a cubetti a scelta)
- 1 cucchiaio di peperoncino rosso sambal
- 3 cucchiai di olio vegetale
- 1/2 cucchiaino di semi di senape
- 8 foglie di curry fresche
- 2 cucchiaini di pasta all'aglio e zenzero
- 2 pomodorini tagliati a pezzetti
- 1/2 cucchiaino di curcuma in polvere
- Sale da tavola, quanto basta
- Acqua, se necessario
- Latte di cocco, per guarnire

Indicazioni
In una ciotola unire le capesante e il sambal. (Se
invece usi i peperoncini rossi secchi, aggiungi anche
2 cucchiaini di olio.) Metti da parte per 15 minuti.

Mentre le capesante marinano, scalda l'olio vegetale in una padella di media grandezza. Aggiungere i semi di senape; quando iniziano a scoppiettare, aggiungere le foglie di curry, la pasta di zenzero ei pomodori. Fate rosolare per circa 8 minuti o fino a quando l'olio inizia a separarsi dai lati del composto. Aggiungere la curcuma e il sale e mescolare bene. Aggiungere circa 1 tazza di acqua e cuocere, scoperto, per 10 minuti. Aggiungere le capesante (insieme a tutto il peperoncino rosso sambal) e cuocere a fuoco medio fino a quando le capesante sono cotte, circa 5 minuti. Guarnire con il latte di cocco e servire caldo.

Nutrizione
Calorie 309,3

Curry di gombo

ingredienti

- 250 g di okra (dito di donna) - tagliato a pezzi da un cm
- 2 cucchiai di zenzero grattugiato
- 1 cucchiaio di semi di senape
- 1/2 cucchiaio di semi di cumino
- 2 cucchiai di olio
- Sale qb
- Pizzica l'assafetida
- 2-3 cucchiai di arachidi tostate in polvere
- Foglie di coriandolo

Indicazioni

Scaldare l'olio e aggiungere i semi di senape. Quando scoppiano, aggiungi il cumino, l'assafetida e lo zenzero. Cuocere per 30 secondi.

Aggiungere l'okra e il sale e mescolare fino a cottura. Aggiungere la polvere di arachidi, cuocere per altri 30 secondi.

Servire con foglie di coriandolo.

Nutrizione

Per 1 tazza (253ggrams)
Calorie 137
Grasso totale 8,4ggrams

Carboidrati totali 15ggrams
Fibra alimentare 5.6ggrams
Proteine 3,9 g

Curry vegetale al cocco

ingredienti

- 2 patate di media grandezza tagliate a cubetti
- 1 tazza e mezzo di cavolfiore, tagliato a cimette
- 3 pomodori r tagliati a pezzi grandi
- 1 cucchiaio di olio
- 1 cucchiaio di semi di senape
- 1 cucchiaio di semi di cumino
- 5-6 foglie di curry
- Pizzico di curcuma - opzionale
- 1 cucchiaio di zenzero grattugiato
- Foglie di coriandolo fresco
- Sale qb
- Cocco fresco o essiccato - sminuzzato

Indicazioni

Scaldare l'olio quindi aggiungere i semi di senape. Quando scoppiettano aggiungere le spezie rimanenti e cuocere per 30 secondi.

Aggiungere il cavolfiore, il pomodoro e la patata più un po 'd'acqua, coprire e cuocere a fuoco lento, mescolando di tanto in tanto fino a cottura. Dovrebbe essere rimasto del liquido. Se vuoi un curry secco, friggi per alcuni minuti finché l'acqua non sarà evaporata.

Aggiungere il cocco, il sale e le foglie di coriandolo.

Nutrizione
Calorie 123,8
Grassi totali 4,6 g
Carboidrati totali 18,9 g
Fibra alimentare 5,2 g
Proteine 4,3 g

Malabari Chili Fish con Chutney di Peperoncino

Per 4 persone
Tempo di preparazione: 15 minuti più 2 ore per
marinare
Tempo di cottura: 20 minuti

ingredienti

- 1 libbra di coregone, tagliato a pezzi da 11/2
  pollici
- 3/4 cucchiaino di curcuma in polvere
- Succo di 1/2 limone
- 1 cucchiaino di coriandolo in polvere
- 1 cucchiaino di cumino in polvere
- 1/4 cucchiaino di pepe nero in grani,
  grossolanamente pestato
- 4 peperoncini rossi secchi, pestati
  grossolanamente
- Sale da tavola, quanto basta
- Olio vegetale per friggere
- Chaat Spice Mix, opzionale

Indicazioni

Metti i cubetti di pesce in una ciotola. Strofinatele
bene con la curcuma e mettete da parte per circa
10 minuti. Sciacquare il pesce e asciugarlo
tamponando.

In una ciotola, unire il succo di limone, il coriandolo in polvere, il cumino in polvere, il pepe nero, i peperoncini rossi e il sale; mescolare bene. Aggiungere il pesce e mescolare per assicurarsi che tutti i pezzi siano ben ricoperti. Mettete in frigorifero, coperto, per 2 ore.

Scaldare l'olio vegetale in una friggitrice o una padella profonda a 350 °. Friggi qualche pezzo di pesce alla volta. Togliere dall'olio con una schiumarola e scolare su carta assorbente. Continua fino a quando tutto il pesce è fritto. Getta la marinata rimanente. Servite subito. Cospargere il mix di spezie Chaat sul pesce appena prima di servire, se lo si desidera.

Nutrizione
434 calorie

Semolino con Verdure

ingredienti

- ½ tazza di semolino
- 1 tazza d'acqua
- 2 cucchiai di olio
- 1/4 cucchiaio di semi di senape
- 1/4 cucchiaio di semi di cumino
- 1 pizzico di assafetida
- 5-6 foglie di curry
- ½ cucchiaio di zenzero grattugiato
- ½ cucchiaio di coriandolo in polvere
- ½ cucchiaio di cumino in polvere
- Sale qb
- 1-2 pomodori - può cucinare o mangiare crudo sul lato
- 1 tazza di patate, cavoli, cavolfiori, carote, ecc.
- Cocco fresco
- Foglie di coriandolo fresco

Indicazioni

Arrostire a secco il semolino in una padella per 10-15 minuti finché non diventa marrone rosato. Togliere dalla padella.

Scaldare l'olio e aggiungere i semi di senape. Quando scoppiettano aggiungere il cumino, l'assafetida, le foglie di curry, lo zenzero, la

polvere di coriandolo e la polvere di cumino.
Aggiungere le verdure e cuocere a metà.

Aggiungere la semola tostata, il sale e l'acqua.
Portare ad ebollizione, coprire e cuocere a fuoco
lento per 10 minuti. Scopri e friggi per 2 o 3 minuti.
Aggiungere il cocco fresco a piacere e le foglie di
coriandolo.

Nutrizione
Calorie: 231.1
Carboidrati totali: 42,3 g
Proteina: 7,7 g
Totalmente grasso: 3,4 g

Casseruola di barbabietola e carota di formaggio

Per 4-6 persone

Questo piatto purifica il fegato e il tratto digerente. Per aiutare il tuo corpo a fare la propria pulizia interna, mangia come dieta mono per una settimana in primavera o in autunno.

Ingredienti:
- 2 mazzi di scalogno, tritati
- 3 spicchi d'aglio, tritati
- Burro chiarificato o olio vegetale
- 1 mazzetto di barbabietole
- 1 libbra di carote
- Salsa di soia o pepe nero macinato Tamari
- 1 libbra di formaggio grattugiato

Indicazioni:
Strofina barbabietole e carote. Barbabietole al vapore intere. Non tagliare radici o steli. Dopo circa 15-20 minuti, aggiungi le carote. Cuocere a vapore finché sono teneri ma sodi. Quindi rimuovere le bucce esterne da barbabietole e carote. Grattugiare usando una grattugia grossa. Tieni separate le barbabietole e le carote per preservare i loro colori distinti.

Rosolare lo scalogno e l'aglio nell'olio o nel burro chiarificato finché sono teneri. Condire con barbabietole, carote e pepe nero. Mettere in una casseruola. Cospargere con salsa di soia o Tamari. Coprire con formaggio grattugiato e cuocere alla griglia fino a quando il formaggio è sciolto e dorato.

Nutrizione
Calorie 71.9
Grassi totali 1,5 g
Carboidrati totali 13,2 g
Fibra alimentare 3,8 g
Proteine 1,8 g

Curry di zucca con semi piccanti

ingredienti

- 3 tazze di zucca, tagliate in 1-Pezzi da 2 cm
- 2 cucchiai di olio
- $\frac{1}{2}$ cucchiaio di semi di senape
- $\frac{1}{2}$ cucchiaio di semi di cumino
- Pizzica l'assafetida
- 5-6 foglie di curry
- $\frac{1}{4}$ di cucchiaio di semi di fieno greco
- 1/4 cucchiaio di semi di finocchio
- 1/2 cucchiaio di zenzero grattugiato
- 2 pollici di frutta secca di tamarindo (imbevuta di acqua calda) o 1 cucchiaio di pasta di tamarindo
- 2 cucchiai - cocco secco e macinato
- 2 cucchiai di arachidi tritate tostate
- Sale e zucchero di canna o jaggery a piacere
- Foglie di coriandolo fresco

Indicazioni

Scaldare l'olio e aggiungere i semi di senape. Quando scoppiettano aggiungere il cumino, il fieno greco, l'assafetida, lo zenzero, le foglie di curry e il finocchio. Cuocere per 30 secondi.

Aggiungere la zucca e il sale. Aggiungere la pasta di tamarindo o l'acqua con la polpa all'interno. Aggiungi il jaggery o lo zucchero di canna.

Aggiungere il cocco macinato e la polvere di arachidi. Cuocere ancora per qualche minuto. Aggiungere il coriandolo fresco tritato.

Nutrizione
Calorie 191
Total Fat 11ggrams
Carboidrati totali 21ggrams
Fibra dietetica 3.7ggrams
Proteine 5,3 g

Pollo Cremoso Alle Mandorle

Per 4-5 persone
Tempo di preparazione: 10 minuti
Tempo di cottura: 35–40 minuti

Le noci aggiungono un ricco gusto cremoso al pollo.
Servire con la focaccia al gusto di carambola

ingredienti
- 1/4 tazza di mandorle sbollentate
- Acqua, se necessario
- 4 cucchiai di olio vegetale
- foglia d'alloro
- Chiodi di garofano
- 5 grani di pepe
- 1 peperoncino verde, privato dei semi e tritato
- 1 cucchiaio di pasta all'aglio e zenzero
- 8 pezzi di cosce di pollo senza pelle e con osso
- 1/2 cucchiaino di peperoncino rosso in polvere
- 1/4 cucchiaino di curcuma in polvere
- 1 cucchiaino di coriandolo in polvere
- 1/2 cucchiaino di miscela di spezie calde
- Sale da tavola, quanto basta
- 1/4 tazza di yogurt bianco, montato
- 1/4 tazza di panna

Indicazioni

In un frullatore o in un robot da cucina, frulla le mandorle con qualche cucchiaio di acqua per ottenere una pasta densa e liscia. Mettere da parte. In una padella grande, scaldare l'olio vegetale a fuoco medio. Aggiungere la foglia di alloro, i chiodi di garofano, il pepe in grani, il peperoncino verde e la pasta di aglio e zenzero; rosolare per circa 10 secondi. Aggiungere il pollo e rosolare finché non sarà ben dorato su entrambi i lati, circa 5-10 minuti.

Aggiungere il peperoncino rosso, la curcuma, il coriandolo, la miscela di spezie e il sale; cuocere per circa 5 minuti. Aggiungere lo yogurt e rosolare finché il grasso non inizia a separarsi. Aggiungi circa 1/2 tazza d'acqua. Coprire e cuocere a fuoco lento fino a quando il pollo è tenero e cotto, circa 10-15 minuti. Mescolate di tanto in tanto, aggiungendo qualche cucchiaio di acqua se il piatto sembra troppo asciutto. Aggiungere la pasta di mandorle e la panna. Cuocere, scoperto, a fuoco medio per circa 8 minuti.

Servire caldo.

Nutrizione

535 Cal
60 g di carboidrati
22 g di grassi
50 g di proteine

Agnello Piccante Speziato

Per 4 persone
Tempo di preparazione: 10 minuti
Tempo di cottura: 1 ora

ingredienti

- 11/4 libbre di agnello magro tritato
- 1 cucchiaino di radice di zenzero fresca grattugiata
- 1/2 cucchiaino di peperoncino rosso in polvere
- cucchiaino di aglio tritato
- cucchiai di yogurt bianco, montato
- 1/4 cucchiaino di curcuma in polvere
- 1 peperoncino verde serrano, privato dei semi e tritato
- 1/2 tazza d'acqua
- cucchiai di olio vegetale
- 1 cipolla rossa grande, tritata
- 1/4 di tazza di cocco essiccato non zuccherato
- Sale da tavola, quanto basta
- 1/2 cucchiaino di miscela di spezie calde

Indicazioni

In una padella profonda, unire l'agnello, lo zenzero, il peperoncino rosso in polvere, l'aglio, lo yogurt, la curcuma e il peperoncino verde. Aggiungere l'acqua e portare a ebollizione. Coprire e cuocere a fuoco lento per circa 45 minuti o fino a quando l'agnello è cotto. Mettere da parte.

In una padella capiente, scalda l'olio vegetale. Aggiungere la cipolla e soffriggere, mescolando continuamente, fino a quando non sarà ben dorata, per circa 8 minuti. Aggiungere l'agnello e soffriggere per altri 4 o 5 minuti. Aggiungere il cocco e il sale; rosolare per altri 5 minuti. Servire caldo, guarnito con Warm Spice Mix.

Nutrizione
294 calorie

Thermidor di aragosta in salsa di noci

Per 4 persone
Tempo di preparazione: 15 minuti
Tempo di cottura: 20 minuti

Conserva il guscio di aragosta e versa il piatto nel guscio per una bella presentazione.

ingredienti

- 3 cucchiai di anacardi non salati, messi a bagno in acqua per 10 minuti
- 2 cucchiai di semi di papavero bianco, ammollati in acqua per
- 20 minuti
- Acqua, se necessario
- 2 cucchiai di mandorle sbollentate
- 2 cucchiaini di semi di sesamo bianco
- 3 cucchiai di burro chiarificato
- 1 stecca di cannella (1 pollice)
- 1 baccello di cardamomo nero, ammaccato
- Piccola foglia d'alloro
- Chiodi di garofano
- 1 baccello di cardamomo verde, ammaccato
- cucchiaino di pasta all'aglio e zenzero
- Peperoncini verdi serrano, privati dei semi e tritati
- 1/2 cucchiaino di peperoncino rosso in polvere

- 1/4 cucchiaino di curcuma in polvere
- 1 tazza di yogurt, montato
- 11/2 libbre di carne di aragosta cotta
- Sale da tavola, quanto basta
- 1 cucchiaino di miscela di spezie calde

Indicazioni

Scolare gli anacardi ei semi di papavero e frullare o frullare insieme alle mandorle e ai semi di sesamo usando acqua quanto basta per fare una pasta densa. Mettere da parte.

In una padella capiente, scalda il burro. Aggiungere la stecca di cannella, il baccello di cardamomo nero, la foglia di alloro, i chiodi di garofano e il baccello di cardamomo verde. Quando le spezie iniziano a sfrigolare, aggiungi la pasta allo zenzero e all'aglio, i peperoncini verdi e la pasta di noci. Schizzerà un po '; aggiungere 1 cucchiaio di acqua per fermare gli schizzi. Friggere, mescolando continuamente, finché l'olio inizia a separarsi dal composto.

Aggiungere il peperoncino rosso in polvere, la curcuma, lo yogurt, l'aragosta, il sale e il mix di spezie. Friggere, mescolando continuamente, finché l'aragosta non si sarà riscaldata. Servire caldo.

Nutrizione

Calorie 280
Grassi totali 17 g
Carboidrati totali 5 g,
Fibra alimentare 0g
Proteine 23g

Frittura Di Pesce Di Peperoncino Rosso

Per 4 persone
Tempo di preparazione: 15 minuti
Tempo di cottura: 20 minuti

Servire con Riso Basmati Semplice. Per una versione più delicata, aggiungi 1/2 tazza di latte di cocco leggero invece dell'acqua al passaggio 4.

ingredienti
- 4 filetti di coregone (come tilapia, pesce gatto o merluzzo)
- 3/4 cucchiaino di curcuma in polvere
- 3 cucchiai di olio vegetale
- 1/2 cucchiaino di semi di senape nera
- 8 foglie di curry fresche
- 4 peperoncini rossi secchi, pestati grossolanamente
- cipolla grande, tritata
- cucchiaini di pasta all'aglio e zenzero
- 1/2 cucchiaino di peperoncino rosso in polvere
- 1/4 cucchiaino di curcuma in polvere
- Sale da tavola, quanto basta
- 1/2 tazza d'acqua

Indicazioni

Metti i filetti di pesce in una ciotola. Strofinatele

bene con la curcuma e mettete da parte per circa 10 minuti. Risciacquare i filetti e asciugarli tamponando.

In una padella capiente, scalda l'olio vegetale. Aggiungere i semi di senape e quando iniziano a scoppiettare, aggiungere le foglie di curry, i peperoncini rossi e le cipolle. Soffriggi per circa 6-7 minuti o finché non sono ben dorati. Aggiungere la pasta allo zenzero e all'aglio, il peperoncino rosso in polvere, la curcuma in polvere e il sale; mescolare bene.

Aggiungere il pesce e soffriggere per 3 minuti. Girare e friggere per altri 3 minuti. Aggiungere 1/2 tazza di acqua e portare a ebollizione. Coprire, abbassare la fiamma e cuocere a fuoco lento per circa 6-8 minuti o fino a quando il pesce è completamente cotto. Servire caldo.

Calorie-432

Salmone al curry aromatizzato allo zafferano

Per 4 persone
Tempo di preparazione: 10 minuti
Tempo di cottura: 10 minuti

ingredienti

- 4 cucchiai di olio vegetale
- 1 cipolla grande, tritata finemente
- cucchiaino di pasta all'aglio e zenzero
- 1/2 cucchiaino di peperoncino rosso in polvere
- 1/4 cucchiaino di curcuma in polvere
- cucchiaini di coriandolo in polvere
- Sale da tavola, quanto basta
- 1 libbra di salmone, disossato e
- a cubetti
- 1/2 tazza di yogurt bianco, montato
- 1 cucchiaino di zafferano tostato

Indicazioni

In una padella larga e antiaderente, scalda l'olio vegetale. Aggiungere le cipolle e rosolare per 3-4 minuti o finché non diventano trasparenti. Aggiungere la pasta di aglio e zenzero e rosolare per 1 minuto.

Aggiungere il peperoncino rosso in polvere, la

curcuma, il coriandolo e il sale; mescolare bene.
Aggiungere il salmone e rosolare per 3-4 minuti.
Aggiungere lo yogurt e abbassare la fiamma.
Cuocere a fuoco lento fino a quando il salmone è
cotto. Aggiungere lo zafferano e mescolare bene.
Cuocere per 1 minuto. Servire caldo.

Nutrizione
Calorie 400
Grassi 26,8 g
Carboidrati 1,6 g
Fibra 0 g
Proteine 33,9 g

Bafat di maiale

Per 4 persone
Tempo di preparazione: 5 minuti
Tempo di cottura: 30-40 minuti

ingredienti

- 1 cucchiaio di pasta all'aglio e zenzero
- 4 grani di pepe nero
- 4 chiodi di garofano
- 1 cucchiaino di semi di cumino
- 1/4 cucchiaino di semi di senape nera
- 8 peperoncini rossi secchi
- 1/4 tazza di aceto di malto
- 4 cucchiai di olio vegetale
- 1 libbra di maiale, a cubetti
- 1 cucchiaio di polpa di tamarindo, messa a bagno in 1/4 di tazza di acqua calda per 10 minuti
- 1 tazza di cipolline surgelate
- Sale da tavola, quanto basta
- Acqua, se necessario

Indicazioni

In un robot da cucina, macinare insieme la pasta di aglio e zenzero, pepe nero in grani, chiodi di garofano, semi di cumino, semi di senape, peperoncini rossi e aceto di malto. Mettere da parte.

In una padella capiente, scaldare l'olio vegetale; aggiungere la carne di maiale e rosolarla su tutti i lati, per circa 8-10 minuti. Aggiungere la pasta macinata e rosolare per altri 10 minuti.

Filtrare il tamarindo e scartare il residuo. Aggiungere il liquido filtrato al maiale e mescolare bene. Aggiungere le cipolle congelate e il sale; cuocere, scoperto, per circa 5 minuti.

Aggiungi 1/2 tazza d'acqua. Abbassare la fiamma e cuocere a fuoco lento, scoperto, fino a quando il maiale è cotto, circa 10-15 minuti. Mescola di tanto in tanto. Aggiungere altra acqua se il piatto diventa troppo asciutto o inizia ad attaccarsi. Servire caldo.

Nutrizione
378. Cal 8 g di carboidrati, 22 g di grassi, 24 g di proteine

Pesce in salsa serrano vellutata

Per 4 persone
Tempo di preparazione: 20 minuti
Tempo di cottura: 30 minuti

ingredienti
- 4-5 filetti di pesce gatto
- 3/4 cucchiaino di curcuma in polvere
- 8 cucchiai di olio vegetale, divisi
- foglia d'alloro
- 1/2 cucchiaino di semi di cumino
- cucchiaini di pasta all'aglio e zenzero
- 1 cipolla rossa grande, tritata
- cucchiaino di peperoncino rosso in polvere
- Peperoncini verdi serrano, privati dei semi e tritati
- 1/2 tazza di yogurt bianco, montato
- Sale da tavola, quanto basta
- Acqua, se necessario

Indicazioni
Metti i filetti di pesce gatto in una ciotola.
Strofinare bene i filetti con la curcuma e mettere da parte per circa 10 minuti. Risciacquare i filetti e asciugarli tamponando. In una padella di medie dimensioni, scalda 6 cucchiai di olio vegetale.
Aggiungere 1 filetto alla volta e friggere fino a doratura su entrambi i lati. Togliete dal fuoco con una schiumarola e scolate su carta assorbente.

Continuare fino a quando tutti i filetti sono fritti. Mettere da parte.

In una padella capiente, scalda i restanti 2 cucchiai di olio vegetale. Aggiungere la foglia di alloro e i semi di cumino. Quando le spezie iniziano a sfrigolare, aggiungere la Pasta Zenzero-Aglio e le cipolle; rosolare per circa 7-8 minuti o finché le cipolle non saranno ben dorate.

Aggiungere il peperoncino rosso in polvere e i peperoncini verdi; mescolare bene. Aggiungere lo yogurt e il sale e mescolare bene. Aggiungi circa 1/2 tazza d'acqua. Cuocere a fuoco lento, scoperto, per circa 10 minuti, mescolando continuamente

Aggiungere i filetti di pesce e cuocere a fuoco lento per altri 5 minuti. Fai attenzione a non rompere i filetti quando mescoli. Servire caldo.

Nutrizione

Calorie: 205
Totalmente grasso:13,9 g
Colesterolo: 70 mg
Sodio:90 mg

Gamberetti piccanti in latte di cocco

Per 4 persone
Tempo di preparazione: 10 minuti
Tempo di cottura: 20 minuti

Una bella variante è friggere prima i gamberetti.
Aggiunge una bella freschezza. Servire con riso
bianco al vapore.

ingredienti

- 1 foglia di alloro
- 1 cucchiaino di semi di cumino
- (1 pollice) stecca di cannella
- Chiodi di garofano
- pepe nero in grani
- Pezzo di zenzero fresco da 1 pollice,
  sbucciato e affettato
- spicchi d'aglio
- Acqua, se necessario
- 3 cucchiai di olio vegetale
- 1 cipolla rossa grande, tritata
- 1/2 cucchiaino di curcuma in polvere
- 1 libbra di gamberetti, pelati e puliti
- 1 (14 once) può accendere il latte di cocco
- Sale da tavola, quanto basta

Indicazioni
In un tritatutto, macina grossolanamente la foglia

di alloro, i semi di cumino, la stecca di cannella, i chiodi di garofano, i grani di pepe, lo zenzero e l'aglio. Aggiungere 1 cucchiaio di acqua se necessario.

In una padella di medie dimensioni, scalda l'olio vegetale. Aggiungere la miscela di spezie macinate e rosolare per circa 1 minuto. Aggiungere le cipolle e rosolare per 7-8 minuti o finché le cipolle non saranno ben dorate.

Aggiungere la curcuma e mescolare bene. Aggiungere i gamberi e rosolare per circa 2 o 3 minuti, finché non diventano rosa. Aggiungere il latte di cocco e il sale. Cuocere a fuoco lento per 10 minuti o fino a quando il sugo inizia ad addensarsi. Togliete dal fuoco e servite ben caldo.

Nutrizione
Calorie: 757.5
Carboidrati totali: 14,2 g
Proteina: 49,4 g

Pesce Parsi

Per 4 persone
Tempo di preparazione: 10 minuti
Tempo di cottura: 20-30 minuti

Una ricetta perfetta quando hai molto chutney
avanzato e pochissimo tempo.

ingredienti

- 4 bistecche di pesce (spesse 1 pollice) (a
  scelta del tipo)
- 3/4 cucchiaino di curcuma in polvere
- 8 cucchiai di peperoncino verde
- Chutney di cocco

Indicazioni

Metti le bistecche di pesce in una ciotola.
Strofinare bene le bistecche con la curcuma e
mettere da parte per circa 10 minuti. Risciacquare
e asciugare tamponando

Taglia 4 quadrati di carta stagnola abbastanza
grandi da contenere le bistecche. Metti una
bistecca al centro di ogni foglio di alluminio. Copri il
pesce con 2 cucchiai abbondanti di chutney.
Ripiegaci sopra la pellicola come se stessi
incartando un regalo. Lascia un po 'di spazio
affinché il vapore si espanda.

Preriscalda il forno a 400 °.

Metti le confezioni di alluminio su una teglia.
Cuocere fino a quando il pesce è completamente
cotto (da 20 a 25 minuti per bistecche da 1 pollice).
La tempistica dipenderà dallo spessore della tua
bistecca. Servire caldo.

Nutrizione

Porzioni per ricetta: 3
Calorie 1.439,6

Wasabi Chicken Tikka

Per 4 persone
Tempo di preparazione: 10 minuti
Tempo di cottura: 20 minuti

ingredienti

- 3 cucchiai di olio vegetale
- 1 cipolla rossa di media grandezza, tritata finemente
- 1 cucchiaio di pasta all'aglio e zenzero
- 2 pomodori medi, tritati finemente
- 1/2 cucchiaino di peperoncino rosso in polvere
- 1/4 cucchiaino di curcuma in polvere
- Sale da tavola, quanto basta
- 1/2 cucchiaino di miscela di spezie calde
- 3/4 di tazza di panna.
- 1 ricetta Chicken Tikka
- 2 cucchiai di salsa wasabi

DirezioneS

In una padella grande, scaldare l'olio vegetale a fuoco medio. Aggiungere le cipolle e rosolare finché non sono ben dorate, circa 7-8 minuti. Aggiungere la pasta di aglio e zenzero e rosolare per un altro minuto.

Aggiungere i pomodori e cuocere per circa 8 minuti

o fino a quando i pomodori sono cotti e l'olio inizia a separarsi dai lati del composto. Aggiungere il peperoncino rosso, la curcuma, il sale e il mix di spezie; rosolare per 1 minuto.

Mescolare la salsa wasabi teriyaki

Aggiungere la panna e cuocere per circa 2 minuti. Aggiungere il Chicken Tikka e mescolare bene. Cuocere per 2 minuti o finché il pollo non si sarà riscaldato. Servire caldo.

Nutrizione

101 calorie
10 g di carboidrati

Pollo con le noci in salsa cremosa

ingredienti

- 2 cipolle rosse piccole, sbucciate e tritate
- Pezzo di zenzero fresco da 1 pollice, sbucciato e affettato
- 4 spicchi d'aglio sbucciati
- 4 peperoncini rossi secchi
- 2 cucchiaini di coriandolo in polvere
- Acqua, se necessario
- 3 cucchiai di anacardi non salati, messi a bagno in acqua per 10 minuti
- 2 cucchiai di semi di papavero bianco, ammollati in acqua per
- 20 minuti
- 2 cucchiai di mandorle, sbollentate
- 3 cucchiai di burro chiarificato
- 2 bastoncini di cannella (1 pollice)
- 2 baccelli di cardamomo nero, ammaccati
- 1 foglia di alloro grande
- 2 baccelli di cardamomo verde, ammaccati
- 1 cucchiaino di cumino in polvere
- 1 tazza di yogurt bianco, montato
- 11/2 libbre di pollo a dadini disossate
- Sale da tavola, quanto basta
- 1 cucchiaino di miscela di spezie calde
- Semi di cumino tostati, per guarnire

Indicazioni

In un frullatore o in un robot da cucina, mescola le

cipolle, lo zenzero, l'aglio, i peperoncini rossi, la polvere di coriandolo e fino a 1/4 di tazza d'acqua per fare una pasta. Mettere da parte. Frulla o frulla gli anacardi, i semi di papavero, le mandorle e l'acqua quanto basta per ottenere una pasta liscia e densa. Mettere da parte.

In una padella profonda, scaldare il burro chiarificato a fuoco medio. Aggiungere i bastoncini di cannella, il cardamomo nero, la foglia di alloro, i chiodi di garofano e il cardamomo verde; soffriggere fino a renderlo fragrante, circa 1 minuto e mezzo. Aggiungere la pasta di cipolla e il cumino. Rosolare a fuoco medio-basso, mescolando continuamente, fino a quando il burro si separa dalla pasta di cipolla. Aggiungere lo yogurt e continuare la cottura per circa 12 minuti, mescolando continuamente.

Aggiungi i pezzi di pollo. Cuocere a fuoco lento,
coperto, per 15-20 minuti o fino a quando il pollo è
tenero.

Aggiungere la pasta di noci e cuocere a fuoco lento,
scoperto, per circa 4 minuti. Incorporare il sale e il
mix di spezie caldo.

VALUTA VEGANA

Curry di verdure di base

- 250 g di verdure - tritate
- 1 cucchiaino di olio
- $\frac{1}{2}$ cucchiaino di semi di senape
- $\frac{1}{2}$ cucchiaino di semi di cumino
- Pizzica l'assafetida
- 4-5 foglie di curry
- $\frac{1}{4}$ di cucchiaino di curcuma
- $\frac{1}{2}$ cucchiaino di coriandolo in polvere
- Un pizzico di peperoncino in polvere
- Zenzero grattugiato
- Foglie di coriandolo fresco
- Zucchero / jaggery e sale qb
- Cocco fresco o essiccato

1.   Tagliare la verdura a pezzetti (1-2 cm) a seconda della verdura.
2.   Scaldare l'olio quindi aggiungere i semi di senape. Quando scoppiettano aggiungere il cumino, lo zenzero e le spezie rimanenti.
3.   Aggiungere le verdure e cuocere. A questo punto potresti voler friggere le verdure fino a quando non saranno cotte oppure aggiungere un po 'd'acqua, coprire la pentola e cuocere a fuoco lento. Dipenderà dalle verdure utilizzate e dalle preferenze individuali. Anche il tempo di cottura varierà a seconda delle verdure utilizzate.
4.   Quando le verdure saranno cotte aggiungere lo zucchero, il sale, il cocco e il coriandolo.

Puoi variare le spezie utilizzate a seconda delle tue preferenze: puoi aumentare il peperoncino, lo zenzero o il coriandolo o diminuirne le altre. Ci sono molte altre spezie che possono essere aggiunte come ajwain, finocchio, anice, cannella, chiodi di garofano, garam masala, cardamomo, tamarindo ecc. Nel Maharashtra si usano spesso pochi cucchiaini di polvere di arachidi tostate. Puoi sperimentare con arachidi macinate, mandorle, anacardi ecc

Qualsiasi verdura può essere preparata in questo modo. Puoi sperimentare con curry secco e umido, unire le verdure, schiacciare i pomodori come base con il mix piccante, unire le lenticchie cotte e così via. Se stai usando più di una verdura, ricorda quali verdure impiegano più tempo a cuocere e aggiungile per prime.

Curry di cavolo cappuccio

Patta Kobi Bhaji

- 3 tazze di cavolo - triturato
- 1 cucchiaino di olio
- 1 cucchiaino di semi di senape
- 1 cucchiaino di semi di cumino
- 4-5 foglie di curry
- Un pizzico di curcuma facoltativo
- 1 cucchiaino di zenzero grattugiato
- Foglie di coriandolo fresco
- Sale per il gusto
- Facoltativo - ½ tazza di piselli, mais dolce o patate per aggiungere varietà

1. Scaldare l'olio quindi aggiungere i semi di senape. Quando scoppiettano aggiungere le spezie rimanenti e cuocere per 30 secondi.
2. Aggiungere il cavolo e le altre verdure se usate, mescolando di tanto in tanto fino a completa cottura. Se necessario si può aggiungere acqua.
3. Aggiungere sale e foglie di coriandolo.

Curry di carote

Gajjar Bhaji

- $\frac{1}{2}$ tazza di carote, tritate o grattugiate
- 1 cucchiaino di olio
- $\frac{1}{2}$ cucchiaino di semi di cumino
- $\frac{1}{2}$ cucchiaino di zenzero
- 2 pizzichi di cannella
- 2 pizzichi di pepe nero
- 2 cucchiaini di cocco fresco (essiccato se non disponibile)
- Sale qb
- 5 foglie di curry
- Foglie di coriandolo

1. Scaldare l'olio, aggiungere i semi di cumino, il sale, lo zenzero e le foglie di curry.
2. Aggiungere le carote e soffriggere per 2 minuti.
3. Aggiungere un po 'd'acqua (se si usano pezzi di carota) e le spezie rimanenti. Friggere fino a quando le carote sono morbide.
4. Aggiungere il coriandolo per guarnire.

Facoltativo: aggiungi i piselli (4 cucchiaini) quando aggiungi l'acqua.

Curry di cavolfiore

Phul Kobi Bhaji

- 3 tazze di cavolfiore, tagliate a cimette
- 2 pomodori - tritato
- 1 cucchiaino di olio
- 1 cucchiaino di semi di senape
- 1 cucchiaino di semi di cumino
- Pizzico di curcuma
- 1 cucchiaino di zenzero grattugiato
- Foglie di coriandolo fresco
- Sale qb
- Cocco fresco o essiccato - triturato

1.   Scaldare l'olio quindi aggiungere i semi di senape. Quando scoppiettano aggiungere le spezie rimanenti e cuocere per 30 secondi. Se si usa aggiungere a questo punto i pomodorini e cuocere per 5 minuti.

2.   Aggiungere il cavolfiore e un po 'd'acqua, coprire e cuocere a fuoco lento, mescolando di tanto in tanto fino a completa cottura. Se si desidera un curry più secco, negli ultimi minuti togliere il coperchio e friggere. Aggiungere il cocco negli ultimi minuti.

3.   Aggiungere sale e foglie di coriandolo.

153

Cavolfiore e patate al curry

Phul Kobi Batata Bhaji

- 2 cups cauliflower – cut into florets
- 2 medium sized potatoes r cut in cubes
- 1 tsp oil
- 1 tsp mustard seeds
- 1 tsp cumin seeds
- 5-6 curry leaves
- Pinch turmeric - optional
- 1 tsp grated ginger
- Fresh coriander leaves
- Salt to taste
- Fresh or dried coconut – shredded
- Lemon juice – to taste

1. Heat the oil then add the mustard seeds. When they pop add the remaining spices and cook for 30 seconds.
2. Add the cauliflower and potato plus a little water, cover and simmer, stirring occasionally until almost cooked. Take off the lid and fry until the vegetables are cooked and the water has evaporated. Add coconut, salt, coriander leaves and lemon juice.

Mixed Vegetable & Lentil Curry

Sambhar

This vegetable dish usually accompanies idli or
dosa. This is a famous South Indian dish.
- $\frac{1}{4}$ cup toor or mung dal
- $\frac{1}{2}$ cup vegetables – sliced (carrots, potato,
cauliflower, drumstick, etc.)
- 1 cup water
- 2 tsp oil
- $\frac{1}{2}$ tsp cumin seeds
- $\frac{1}{2}$ tsp grated ginger
- 5-6 curry leaves
- 2 tomatoes - chopped
- Lemon or tamarind to taste (or $\frac{1}{2}$ - 1tsp
tamarind paste)
- Jaggery to taste
- $\frac{1}{2}$ salt or to taste
- Sambhar masala (see Masala section, use one
load)
- Coriander leaves
- Fresh or dried coconut

1. Boil together toor dal and vegetables in a
pressure cooker 15-20 minutes (1 whistle) or in a
pot.
2. In a separate pan heat oil and add cumin
seeds, ginger and curry leaves. Add tomatoes and
cook 3-4 minutes.

3.   Add sambhar masala mixture and vegetable dal mixture.

4.   Boil together for a minute and then and add tamarind or lemon, jaggery and salt. Boil for 2-3 more minutes. Garnish with coconut and coriander

*Can add chilli if desired.

Okra / Ladies Finger Curry

Bhendi Bhaji

- 250 gms okra (ladies finger) – cut into one cm pieces
- 2 tsp grated ginger
- 1 tsp mustard seeds
- 1/2 tsp cumin seeds
- 2 tsp oil
- Salt to taste
- Pinch asafoetida
- 2-3 tsp roasted peanut powder
- Coriander leaves

1. Heat the oil and add the mustard seeds. When they pop add cumin, asafoetida and ginger. Cook for 30 seconds.
2. Add the okra and salt and stir until cooked.
3. Add the peanut powder, cook for another 30 seconds.
4. Serve with coriander leaves.

Potato Curry – Boiled

Batata Bhaji

- 4 potatoes – chopped and boiled
- 2 tsp urid dal
- 1 tsp cumin seeds
- 1 tsp turmeric
- 1 tsp grated ginger
- 5-6 curry leaves
- 2 tsp oil
- Salt to taste

1. Heat the oil, add cumin and curry leaves.
2. Add turmeric and urid dal, then ginger. Fry for 30 seconds.
3. Add potato and salt and fry for a few minutes.
4. Leave for 5 minutes covered for the flavours to blend then serve.

Potato Curry – Raw

Kacharya Batata Bhaji

- 4 medium sized potatoes r cut into small slices
- 1 tsp oil
- 1 tsp mustard seeds
- 1 tsp cumin seeds
- 5-6 curry leaves
- Pinch turmeric
- 1 tsp grated ginger
- $\frac{1}{4}$ cup water
- 2 tsp roasted peanut powder
- Fresh coriander leaves
- Salt to taste

1. Heat the oil then add the mustard seeds. When they pop add the remaining spices and cook for 30 seconds.
2. Add the potato, water and salt, cover and simmer, stirring occasionally until almost cooked. Take off the lid and fry until the potato is cooked and the water has evaporated. Add the peanut powder and stir for 10 seconds.
3. Add coriander leaves and serve.

Potato, Cauliflower & Tomato Curry

Batata, Phul Kobi Tomato Bhaji

- 2 medium sized potatoes r cut in cubes
- 1 1/2 cups cauliflower – cut into florets
- 3 tomatoes r chopped in large pieces
- 1 tsp oil
- 1 tsp mustard seeds
- 1 tsp cumin seeds
- 5-6 curry leaves
- Pinch turmeric - optional
- 1 tsp grated ginger
- Fresh coriander leaves
- Salt to taste
- Fresh or dried coconut – shredded

1.   Heat the oil then add the mustard seeds. When they pop add the remaining spices and cook for 30 seconds.
2.   Add the cauliflower, tomato and potato plus a little water, cover and simmer, stirring occasionally until cooked. There should be some liquid remaining. If you want a dry curry then fry for a few minutes until the water has evaporated.
3.   Add coconut, salt and coriander leaves.

Pumpkin Curry

Lal Bopla Bhaji

- 3 cups pumpkin – chopped in 1-2 cm pieces
- 2 tsp oil
- ½ tsp mustard seeds
- ½ tsp cumin seeds
- Pinch asafoetida
- 5-6 curry leaves
- ¼ tsp fenugreek seeds
- 1/4 tsp fennel seeds
- 1/2 tsp grated ginger
- 2 inch piece dry tamarind fruit (soaked in hot water) or 1 tsp tamarind paste
- 2 Tbsp - dry, ground coconut
- 2 Tbsp roasted ground peanut
- Salt and brown sugar or jaggery to taste
- Fresh coriander leaves

1. Heat the oil and add the mustard seeds. When they pop add the cumin, fenugreek, asafoetida, ginger, curry leaves and fennel. Cook for 30 seconds.
2. Add pumpkin and salt.
3. Add the tamarind paste or water with pulp inside. Add the jaggery or brown sugar.
4. Add ground coconut and peanut powder. Cook

for a few more minutes.
5.   Add fresh chopped coriander.

Optional – you can add ½ cup sprouted beans at the time of cooking the pumpkin.

Stir Fry Vegetables

This is not an Indian dish but is a regular at the ashram.

*   3 cups chopped vegetables such as cabbage, carrot, potato, broccoli, sweet corn, green pepper, green beans, okra, tomato etc
*   2 tsp grated ginger
*   1 tsp oil
*   ¼ tsp asafoetida
*   1 Tbsp (or to taste) soy sauce
*   Salt and sugar to taste
*   Fresh herbs – such as coriander leaves, mint leaves or basil leaves

1.   Heat the oil in a pan. Add the asafoetida and ginger. Fry for 30 seconds.
2.   Add the vegetables that need to cook the longest such as potato and carrot. Fry for a minute

and then add a little water, cover and simmer until half cooked.

3.   Add the remaining vegetables such as tomato, sweet corn and green pepper. Add the soy sauce, sugar and salt. Cover and simmer till almost cooked.

4.   Remove the lid and fry for a few more minutes.

5.   Add the fresh herbs and leave a few minutes for the herbs to blend with the vegetables.

•   Any vegetables can be used plus marinated tofu, sprouted beans and/or nuts can be added.

•   Cooked rice or noodles can be added to turn it into a complete meal.

Tomato Curry

Tomato Rasa Bhaji

•   250gms tomatoes – chopped into one inch pieces or smaller if desired
•   1 tsp oil
•   ½ tsp mustard seeds
•   ½ tsp cumin seeds
•   4-5 curry leaves
•   Pinch turmeric
•   Pinch asafoetida
•   1 tsp grated ginger

- 1 potato – cooked and mashed – optional – to thicken
- 1 to 2 Tbsp roasted peanut powder
- 1 Tbsp dry coconut - optional
- Sugar and salt for taste
- Coriander leaves

1. Heat the oil and add the mustard seeds. When they pop add the cumin, curry leaves, turmeric, asafoetida and ginger. Cook for 30 seconds.
2. Add the tomato and continue stirring occasionally until cooked. Water can be added for a more liquid curry.
3. Add the roasted peanut powder, sugar, salt and coconut if using, plus the mashed potato. Cook for another minute. Serve with fresh coriander leaves.

White Gourd Curry

Dudhi Bopla Bhaji

*   250 gms white gourd/white pumpkin/dudhi bopla – chopped
*   1 tsp oil
*   ½ tsp mustard seeds
*   ½ tsp cumin seeds
*   4-5 curry leaves
*   Pinch turmeric
*   Pinch asafoetida
*   1 tsp grated ginger
*   1 to 2 Tbsp roasted peanut powder
*   Brown sugar and salt to taste

1. Heat the oil and add the mustard seeds. When they pop add the cumin, curry leaves, turmeric, asafoetida and ginger. Cook for 30 seconds.
2. Add the white pumpkin, a little water, cover and simmer, stirring occasionally until cooked.
3. Add the roasted peanut powder, sugar and salt and cook for another minute.

174

Lightning Source UK Ltd.
Milton Keynes UK
UKHW020651040521
383095UK00001B/101